JN145581

ひろくんは

―イクメンパパの応援歌―

曽師保育所

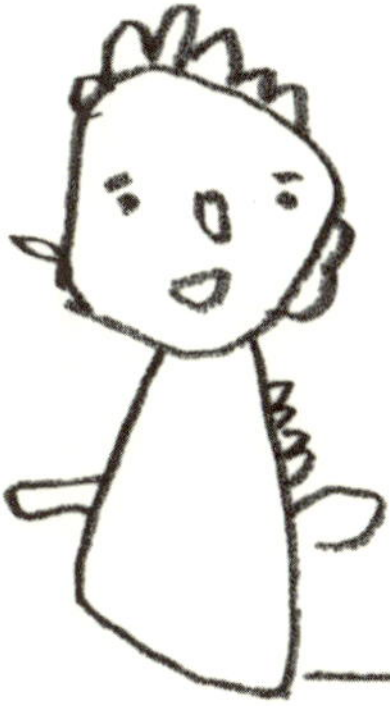

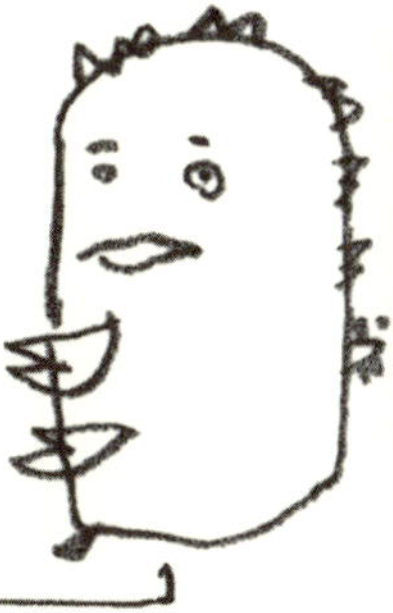

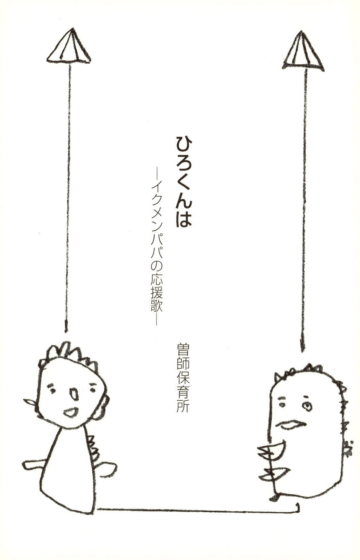

もくじ

はじめに

ひろくんは生後五ヶ月で、平成四年四月一日より平成七年三月三十一日までの、三年間を曽師《そし》保育所に通《かよ》っておりました。

愛称《あいしょう》はひろくん。笑顔《えがお》のかわいい男の子。

保育園には、それぞれに子どもさんの様子《ようす》を、お家でのこと、保育園でのことを書く連絡帳《れんらくちょう》というのがあります。みなさんの記事《きじ》を読むのがとても楽しみでした。なかで、「ひろくんは」で始まるお父さんの記事に目が止まり、彼の在園期間《ざいえんきかん》の様子《ようす》を写《うつ》しとっていたメモをたよりに、スケッチ風にまとめました。

作業《さぎょう》をしながら、そういえば、ひろくんはもう二十歳《はたち》すぎている、恐ろしいことだ、過去を暴《あば》いていいのだろうか、という懸念《けねん》にとらわれました。けれども、ある時気づいたのです。これは、ひろくんだけのお話ではないのだということに。

なぜなら、子育ては昔も今も変わらないからです。ひろくんのお父さまのわが子に対する「まなざし」は、今の親にも通じると思うからです。

ひろくん、分《わ》かってくださいね。あなたのお父さま、お母さまのやさしい「まなざし」は、子どもみんなへの宝なのです。

平成二十七年五月吉日

猪俣美智子

曽師保育所文集『たんぽぽ』より

ぼくの生まれたとき

平成三年十月二十三日午後二時十八分、帝王切開術《ていおうせっかいじゅつ》にてひろは生まれました。羊水《ようすい》が少ないために、予定日が近づいても逆子《さかご》がなおりませんでした。そして予定日が過ぎ、二日後に手術と決《き》まりました。

当日、パパは手術室《しゅじゅつしつ》に入るママを見送ってから、子どもの泣き声が聞こえるまでの時間がとても長く感じられました。「ママも無事でありますように」と、祈りました。

生まれたひろを抱《だ》いた時の感触《かんしょく》は今でも忘れません。体重は二千六百十グラムでやせていましたが、私が生まれた時と顔も体重も同じだとおばあちゃんに言われ、後《あと》は親バカになっていました。そして神様に感謝しました。

ひろくん、思いやりのある、元気な子になってネ。

父親

平成五年三月　第十七号

ひろくん

この一年

この一年でひろくんは、身長が十センチメートル、体重が二キログラム増えて身体の成長もですが、他のすべての面で親の満足の行く成長ぶりです。最近は、会話もできるようになり、「これは、これは」の質問も一日二十回以上あって楽しませてくれます。

子供は親の背中を見て育つと言われる通りに、すべての面で真似《まね》をしているので、親の方が反省《はんせい》させられことが多く、これからも、ひろにいろいろ教えてもらうつもりで、ガンバリたいと思います。ひろには、大きな病気やケガをしないで元気に育ってくれればそれだけで十分です。

父親

平成六年三月　第十八号

ひろくんへ

早いものでアッと言う間に三年が経《た》とうとしています。五ヶ月の赤ちゃんからのわずか三年で、子どもは心身ともに大きく成長しました。頼りない親で育てることができるかな?と、不安もありましたが、先生方、祖父母《そふぼ》に教えと協力《きょうりょく》を頂《いただ》き、ひろくんから教え学ばされることも数多《かずおお》くあり、ここまで来《こ》れたと思います。

いろいろな思い出が出来ました。ひろくんがまだ二歳前だったと覚《おぼ》えています。雨の日にカッパ、長靴《ながぐつ》、カサ姿《すがた》で保育園に出かけたときには、まだ無理《むり》で少し無茶《むちゃ》をしているかなと思いましたが、ひろくんが、楽しみながら一生懸命《いっしょうけんめい》歩いているのを見て、確かな成長と子育ての自信のようなものを、もらうことができました。ひろくんありがとう!これからもヨロシクネ。

「元気で素直な子に育って」

平成七年三月　第十九号　父親

子育ては楽しい

子どもが産《う》まれて妻と二人で子育てをはじめて感じたことは、大変《たいへん》だけどこんなに楽しいことは今までになかったかな？と思っています。それは、赤ちゃんに手をかければかけるほど、赤ちゃんは必《かなら》ず成長でこたえてくれるからです。

産まれた時に夫婦で「元気な素直な子に」で一致《いっち》したので、今でもそれ以上は何も考えずに育てているつもりです。

子育てで最初《さいしょ》に気をつけたことは、「必ず赤ちゃんの立場で赤ちゃんと同じ位置《いち》で赤ちゃんに接《せっ》してあげられないかな」と、やっているうちにいくつかの発見《はっけん》をしました。

一つは、子どもは自分達《たち》の子どもであっても自分達のものじゃなく、どんなに小さい赤ちゃんでも自分の意志を持って生きているので、親でもそれを無理に親の都合《つごう》に合わせることはいけない。

二つ目は、子どもの立場で子どもと同じ位置で接していれば必ず子どもが今《こん》度《ど》は親の気持ちを分《わ》かってくれるようになると思っています。

三つ目は、子どもは赤ちゃんの時からいろいろな要求《ようきゅう》を出して親を試《ため》しているのかな?子どもはそんなことは考えず、やってほしいことを態度《たいど》や言葉《ことば》で表《あらわ》しているだけだと思いますが、その中で聞いてあげられる要求は無理のない範《はん》囲《い》で聞いた方が良いように思います。人は適度《てきど》に満足感《まんぞくかん》を得《え》ないといけないかな?

聞いてあげられそうもない要求は、子どもより三十年長く生きているので何か知恵《ちえ》はないかなと考えて対応《たいおう》します。

子育てで具体的《ぐたいてき》に行なっていた事は、保育園の行き帰りをできるだけ歩いたことです。それは、アパートから遠くないせいもあると思いますが、その間にいろんな話をしたり歌を唄《うた》ったりできるし、同じ道でも毎日違う事が起こって子どもの興味《きょうみ》を引くのに事欠《か》きません。帰ってから家事《かじ》も少しやり易《やす》いように思えます。

一歳を過ぎて歩けるようになったら、休みの日に朝よく散歩に出かけました。小さいうちは、車で遊びに出てもと思い近所の散歩《さんぽ》をしましたが、一度出ると一時間以上歩いたり遊んだりしていました。今でもよく歩いていたなと思います。

それと毎日夜絵本を一緒《いっしょ》に読んだり、ウルトラマンやカクレンジャーになってプロレスのように暴《あば》れます。

あとは、本人に任《まか》せても大丈夫《だいじょうぶ》だと思う事は本人に任せるように心掛《が》けていて、口出しを減《へ》らして見守《みまも》るような感じで、だからしつけもあまりあせらず、親が手本になれるような行動《こうどう》をすれば、まねをする位《くらい》の気持ちです。

子育ては、子どもの成長とともに親も一緒に成長できるように思います。

子どもから教えられる事が毎日のようにあるのでそれを大切にしていきたいと思います。

平成六年十一月九日　ひろの父親

子育てについての感想をお願いして、保護者保育参観日に配布《はいふ》した記事

ひろくん　〇歳

お風呂《ふろ》

ひろくんは
いつも　おふろにはいるのを
楽しみにしています
ピチャピチャと
お湯《ゆ》を　たたいて
よろこんでいます

（六ヶ月）

6ヶ月　もえちゃん
みおちゃん

鏡《かがみ》

ひろくんは　鏡のまえに行くと
写《うつ》る自分《じぶん》の姿《すがた》に
いつも　ほほえみかけています
自分《じぶん》だと
わかっているのかな

（七ヶ月）

6ヶ月　ゆりかちゃん

ハイハイ

保育園から帰って
遊んでいると
ハイハイが一、二と
前へすすみました
二人で大喜び　しました
そのあとは　いつもと同じで
後《うし》ろへ
進《すす》んでいました

（八ヶ月）

8ヶ月　ひなたちゃん

変《へん》なくせ

きょうはお昼寝《ひるね》を
よくしました
最近《さいきん》
変《へん》なくせを　覚《おぼ》えたのか
プープーと
口をふるわせて
つばを　とばします

（八ヶ月）

8ヶ月　ひなたちゃん

カーフェリー

午後から　雨があがったので
宮崎港《みやざきこう》へ
フェリーを　見に行きました
フェリーには　興味《きょうみ》をみせず
まわりの子どもたちを
見ていました

（九ヶ月）

6ヶ月　あすまちゃん（手前）
9ヶ月　みおちゃん　（奥）

パパ

ひろくんは　今日は
機嫌《きげん》よく　たくさん
おしゃべりを　していました
その声が
「パパ」と聞こえたり
「ババァ」と聞こえたり
親としては
とても　楽しかったです

（九ヶ月）

9ヶ月　みねかちゃん
8ヶ月　あいりちゃん

電話器

ひろくんは　最近《さいきん》
電話に　興味《きょうみ》があるようで
つかまり立ちをして
手を伸ばして
やっと　届く高さの
電話の受信器を　はずしたり
機能《きのう》ボタンを　押して
遊んでいます

（十ケ月）

11ケ月　けいたちゃん

ラジカセ

パパが　ラジカセで
テープを　聞いていると
ひろくんは　すぐに
コンセントをぬきます
パパは　またさします
すると　ひろくんは
また　ぬきます
何度《なんど》も　くりかえして
喜《よろこ》んでいます

（十ヶ月）

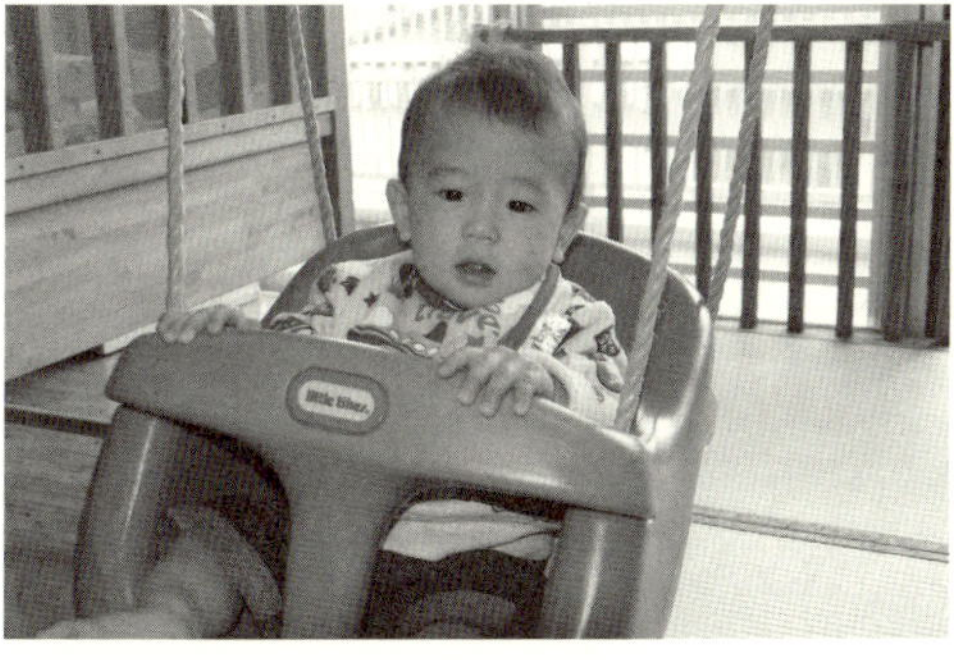

9ヶ月　れんちゃん

せんべい

ひろくんが　せんべいを食べているとき
手にもったせんべいを
パパがかじったら
ひろくんは　喜んで
パパの口に　せんべいを押しこみます
自分の口に入っているのまで出して
パパの口に　入れようとします
いつも食べさせて　もらっているので
逆《ぎゃく》をやって　みたかったのかな？
（十ヶ月）

8ヶ月　みねかちゃん

帰り道はいっしょ

保育園からの　帰りは
ひろくんと　お話をしながら
ゆっくり歩いて　帰ります
家では　夕食の準備《じゅんび》や
お風呂のことで　落ちついて
相手をできないからです
ひろくんは　楽しそうに
いっしょに　帰ってくれます
時間的には　短いけれど
平日に　ひろくんのために
できることの　ひとつです

（十一ヶ月）

1歳　ゆいとちゃん

ヒコーキ

夕方の散歩の途中
ヒコーキが
頭上《ずじょう》を　ゴーと音をたてて
ライトを　チカチカさせて
飛んできました
ひろくんは　ニコニコしながら
小さくなるまで　見送っていました
こんどの休みに
空港《くうこう》につれて行こうかな

（十一ヶ月）

『いないいないばあ』の
絵本読みきかせ

太鼓《たいこ》

ひろくんは
保育園の運動会で
本物の　太鼓叩《たいこたた》きを見ました
家に帰って
いつも以上に　壁《かべ》やフスマなどを
たたきました
太鼓に似《に》た音《おと》がでると
ゲラゲラと　声をだして
大喜《おおよろ》びしていました

（十一ヶ月）

1歳2ヶ月　えりかちゃん
1歳　けいたちゃん
8ヶ月　みねかちゃん

テレビ

ひろくんは　食事のときに
テレビがついていると
ボーと　見ていて
食べることを　忘れてしまいます
テレビを消すと
いつもの　ひろくんになり
もっともっと早く　と
催促《さいそく》しながら
食べます

（十一ヶ月）

10ヶ月　れんちゃん

ひろくん　一歳

ラッパ

ひとり遊びを　していたひろくんが
はじめて　おもちゃのラッパを
鳴らしました
パパとママが　大喜びで
ラッパを　なんども持たせました
音がでるたびに　喜ぶので
ひろくんも　ニコニコして
なんども　吹《ふ》いていました

（一歳）

右　1歳　ひなたちゃん
左　1歳1ヶ月　えりかちゃん

タオル風船《ふうせん》

ひろくんが　お風呂《ふろ》の中《なか》で
ふちをつかんで　立っていると
パパが　タオルで風船《ふうせん》を
作ってみせました
ひろくんは
喜《よろこ》んで　両手を離《はな》して
タオルをつかみ
ニコッと　笑ったとたん
お風呂に　ズブズブと沈《しず》み
お湯《ゆ》を呑《の》んで　むせました
けれど泣《な》かずに　笑《わら》っていました

（一歳）

前　1歳3ケ月　りこちゃん
中　1歳2ケ月　えりかちゃん
後　1歳2ケ月　ゆいとちゃん

仏壇《ぶつだん》

ひろくんは
おじいちゃんの　家に行くと
まっさきに　仏壇に向かい
チーンと
鐘《かね》を鳴《な》らします
二週間に　一回くらい行きます
必《かなら》ず　忘《わす》れずに
仏壇の前にすわって
チーンと　鳴らします

（一歳）

1歳3ヶ月　ゆいとちゃん

パパとママ

ひろくんは
パパとママの　仲《なか》が悪いと
機嫌《きげん》が悪くなって
ぐずつきます
気配《けはい》で分《わ》かるのかな
仲直《なかなお》りすると
ひろくんの　機嫌は
普通《ふつう》になります

（一歳）

1歳4ヶ月　こうのすけちゃん

スプーン

ひろくんは
夕食を　食《た》べるときに
パパが　スプーンにとって
食べさせようとすると
スプーンを　じぶんで持《も》って
口に入れたり
スプーンから　食べ物を
手でとって　食べたり
スプーンに　口を　持ってきて食べたりします
三通りを使《つか》い分《わ》けて
食事《しょくじ》をしています

（一歳）

右　1歳4ヶ月　こうのすけちゃん
左　1歳5ヶ月　けいたちゃん

キャッチボール

ひろくんは
ドッジボールで　パパと
キャッチボールをして
喜んでいます
何回か　続けると
ひろくんは
パパが　取れないところに投げて
取れないと
大喜びをしています

（一歳一ヶ月）

1歳3ヶ月　ゆいとちゃん

すべり台

ひろくんは
近くの　公園に行き
すべり台で　遊びました
二メートルぐらいの高さを
じょうずに　登《のぼ》って
降りるときは　頭から　すべります
見ていると　とても危《あぶ》なっかしいです
ひろくんは
三度くり返《かえ》しました
あとは　疲《つか》れたのか
上まで　登れませんでしたが
とても　喜んで
楽しそうでした

（一歳二ヶ月）

アチー　アチー

ひろくんは
牛乳を飲んだり
鍋《なべ》などを　触《さわ》ると
「アチー　アチー」と言って
全然熱《ぜんぜんあつ》くないのに
パパとママを
笑わせてくれます

（一歳二ヶ月）

1歳3ヶ月　えりかちゃん

真似《まね》

ひろくんは
パパやママが　やっていることを
一度見ると　覚《おぼ》えるようで
ストーブのスイッチを押《お》したり
お風呂《ふろ》のお湯《ゆ》の
温度調節《おんどちょうせつ》レバーを　動《うご》かしたり
椅子《いす》の下についている
小物《こもの》入れを　開《あ》けたりなど
ひろくんの　見ている所ですると
すぐ　自分でやって
できたら　大喜びで
何度も　くり返しています

（一歳三ヶ月）

なわとび

保育園から　自分の足で
歩いて帰ると
とても　楽しそうに帰ります
途中《とちゅう》での　寄《よ》り道も多いです
小学生の　女の子が
なわとびをして　遊んでいると
ひろくんは　すぐ近くまで行って
じっと　見ています
見られている　女の子は
少し　恥《は》ずかしそうでした

（一歳六ヶ月）

1歳4ヶ月　こうのすけちゃん

お風呂《ふろ》

お風呂に　みかんを入れると
ひろくんは　すぐにつかみ
ガブリと　噛《か》みつきます
皮《かわ》が　少しむけると
人さし指を　つっこみ
中身を　ひっぱり出して
喜んでいます
お風呂に　いつもと違うものが
入ったりすると
それに熱中して　遊んでいます
見ているパパは　楽しいです

（一歳七ヶ月）

右　1歳5ヶ月　あやかちゃん
中　1歳5ヶ月　けいたちゃん
左　1歳7ヶ月　ゆいとちゃん

食事《しょくじ》

夕食をしていた　ひろくん
しばらくすると　少し
遊び始めました
なかなか　食が進みません
パパが自分のお箸《はし》で
ひろくんのスプーンを
はさんでみせます
ひろくんは　ニコニコして
もう一回　もう一回を　催促《さいそく》して
「キャッ　キャッ」と大喜びです

（一歳八ヶ月）

右　1歳7ヶ月　ゆいとちゃん
左奥　2歳8ヶ月　りょうがちゃん

スリッパ

ひろくんは　家の中で
パパとママが　スリッパを　はいているのを見て
自分も　はこうとしていたのですが
以前は　片方の足にだけはいて
歩いていたのに
近頃は　両方の足にはいて
上手に　歩いています
でも　畳《たたみ》の部屋《へや》も
スリッパをはいて　歩くので
少し　困ります

（一歳七ヶ月）

1歳5ヶ月　あやかちゃん

忘れているよ

朝　ひろくんは　バッグを持って
保育園に　行こう行こうと　促《うなが》します
時間がきたので
ひろくん　行こうと
玄関《げんかん》まで行くと
ひろくんは　バックして
車のカギの　かけてある所を
指さしていました
車のカギを　とり忘れていたのを
よく　見ていたなぁ　と
パパは感心しました

（一歳八ヶ月）

前　1歳11ヶ月　うたちゃん
奥　2歳3ヶ月　こうしろうちゃん

ひろくん　二歳

ヒコーキ

保育園からの　帰り道
パパが　ひろくんに
「お月さま　出てる?」と聞くと
空を　見まわして
ひろくんは「出てない」と
そのとき　ヒコーキが
頭の上を「ゴー」と
飛んできました
二人は　空を見上げて

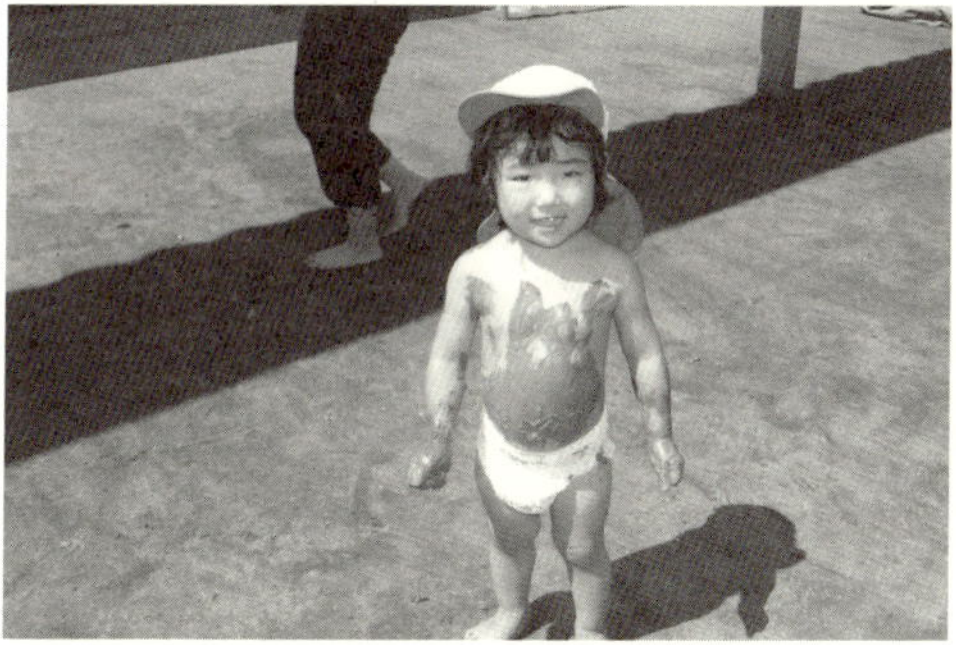

2歳　みゆうちゃん

「大きいね」
「うん　大きい」
「電気《でんき》が　パカパカ」
「パカパカ？」と　言って
顔を見合わせて
笑い合っていました

（二歳）

前　2歳1ヶ月　りおちゃん
奥　2歳3ヶ月　こうしろうちゃん

かくれんぼ

ひろくんは　トイレに
一人で入って　ドアを閉《し》めて
遊んでいます
まだ　開けることができません
パパは　わざと
「ひろくん　どこかなぁ〜」と　さがすふり
「あけて〜」と　言って
ドアを「ドンドン」
パパは　しばらく気づかないふり
ひろくんは　必死《ひっし》に呼びます
開けてやると　ニコニコのひろくん
（二歳二ヶ月）

お月さまないよー

保育園からの帰り　ひろくんは
「お月さまないよー」と
あたりを　キョロキョロ
「ない?」と　パパが聞くと
「ないよー　なんで?」と　ひろくん
「どこにいったのかな?」と　パパ
ひろくんは「あっち」と
遠くを　指さします
「また　明日《あした》会えるね」と　パパ
ひろくんは「うん」と
うなずきました

（二歳二ヶ月）

右はし　2歳2ヶ月　こうしろうちゃん
左より2番目　2歳5ヶ月　りょうちゃん

バナナ

ひろくんは　バナナの皮を
自分でむいて　パクパク
二本　食べました
二、三分たつと
オマルの所に行って「ウンコ　ウンコ」
ずぼんを　おろしてあげると
とても　形のいいウンチをして
ひろくんは　それを見て
「バナナ　バナナ」を
連発《れんぱつ》して　大喜びです

（二歳四ヶ月）

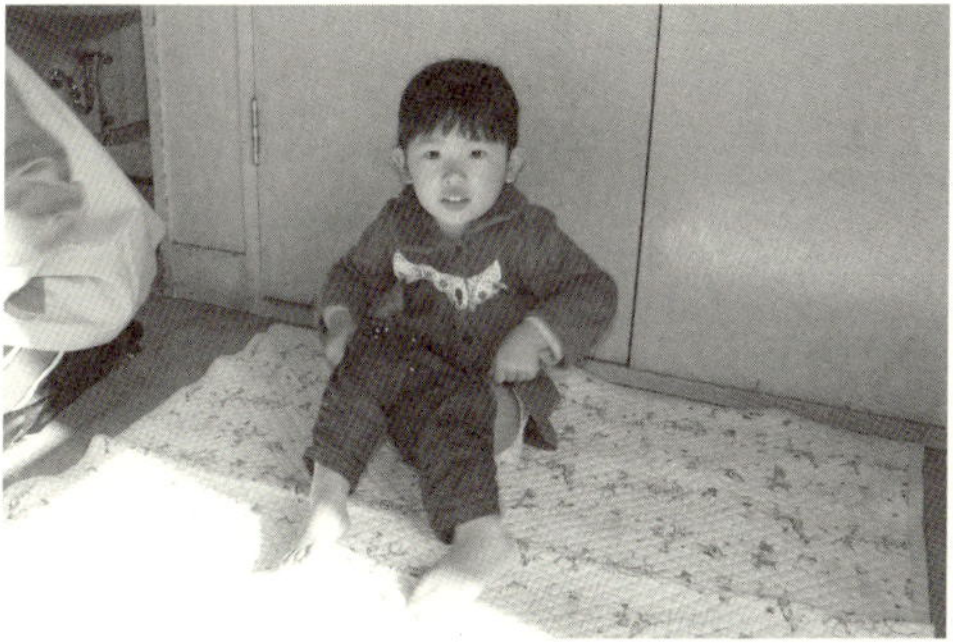

2歳3ヶ月　りおちゃん

電話

ひろくんは　電話で遊ぶことを
覚《おぼ》えました
まず　受話器《じゅわき》をとって
「モシ　モシ」
そして
「エッ！　オコメ」と　話し
「アッ　キレタ」と言ってから
受話器をおきます
ひろくんは　ママの真似《まね》が
とても　上手《じょうず》です

（二歳五ヶ月）

左はし　2歳1ヶ月　みゆうちゃん
1歳10ヶ月　りおちゃん

サクラ

保育園の行き帰りに
ひろくんは
きれいに咲いた桜を
「サクラ　サクラ」と言って
毎日見て　楽しんでいます
二、三日続いた雨に　散《ち》ってしまいました
今朝　ひろくんは
桜を見て　首をかしげていました
パパが
落ちた花びらを拾って　見せると
「サクラだね」と　言って
木を見て　「ハッパだね」と
言いました
もう　葉がでていました

（二歳六ケ月）

水遊び

ひろくんは　ベランダに
水の入ったバケツを　見つけると
大喜びで　走って行きます
「キャッ　キャッ」と　大声をあげて
水遊びを始めます
しばらくすると
「福は内　鬼は外」と　言って
水を　部屋と外にとばして
遊んでいます

（二歳六ヶ月）

中央　2歳　けいしろうちゃん

砂遊び

ひろくんと　仲良しのお友だち三人組で
砂をかけ合って遊んでいました
あっ！ひろくんの目に　砂が入りそうでした
保育士「あー、あー、お友だちに砂をかけたらだめよー。自分の頭
　にかけたら…」
　ひろくんもお友だちも　自分の頭に砂をパラパラー
「案外　おもしろいなぁー」と　でも　上手《うま》くかかりません
そこへ　ひろくんのパパが　保育園に　お迎えにきました
保育士「頭に砂がかかっています」
パパ「ひろくんは　頭を洗うのが好きだから　よかったね」
　ひろくんは　大きくうなずきました
　　　　　　　（二歳六ヶ月）

註　仲良し三人組、保育園の庭で。

シャワー遊び

ひろくんは　お風呂場で
シャワー遊びをしています
立って　高い位置に
シャワーを持ちあげて
「こいのぼり　こいのぼり」
今度は　シャワーを上向きにして
「チューリップ　チューリップ」
手でふさいで　「しずんだ」
手を離して「チューリップ咲いた」
こいのぼりの歌や
チューリップの歌を
うたっていました

（二歳七ヶ月）

みんなで手をつなごう♪

宝物

パパが　朝の出勤前
着替えをしていたら
ひろくんが　やってきて
ポケットベルを　見つけてならして　遊んでいました
パパは　そのまま　家をでました
ポケットベルがないのに　気づき
家に帰って探しましたが　ありません
ひろくんのおもちゃで　乗って遊ぶ車があり
車のシートの下は　小物入れになっています
しばらく考えて
パパはひらめき　開けると
アッタ　アッタ
ひろくんは　珍《めずら》しいものを　よく
自分のものにします

（二歳八ヶ月）

チーちゃん

ひろくんは　お友だちのチーちゃんが
保育園の帰り
歩いて帰るのが　わかっていて
ひろくん「チーちゃんくる?」
パパ「くるよ」
ひろくん「よし　ここで待とう」と
歩くのをやめてしまいます
チーちゃんの姿が見えると
ニコニコ大喜び
ジャンプしています
チーちゃんも喜んで
二人で走ったり
花を摘《つ》んだりします

（二歳八ヶ月）

2歳8ヶ月　りょうちゃん

ドラゴンボール

ひろくんが　生まれたころ　友人が言うには
「大きくなったら
ビデオテープを　見せると良い」と
パパは　テレビ画面から　毎回　テープにとって
五十回分位　集めました
ひろくんは
朝起きたら「ドラゴンボール」
夜になると「ドラゴンボール」
一日に二回分　二週間続けて　見ていました
が　さすがに　最近はあきたのか
見なくなりました
パパも　ママも
見なくてよくなり
助かりました

（二歳九ヶ月）

オマル

ひろくんは　最近
おしっこをする時に
オマルに坐《すわ》らないで
中腰でしたり
オマルに登って　したりします
おしっこをしたい時に
出せるようになってきて
いろんなポーズで　出して
遊んでいます
背丈《せたけ》もだいぶ伸びて
おしっこはもう　洋式のトイレで
出来そうになって　きました　（二歳九ヶ月）

2歳　りゅうまちゃん

愛してるよ

お風呂から上がって
なかなか　服を着てくれない　ひろくん
「早く　着るよ」と　パパの催促《さいそく》
ひろくん　にっこり笑って
「愛してるよ」と　言うので
思わず　笑っているパパ
と　また「愛してるよ」
ニコニコのひろくんです

（二歳九ヶ月）

右　3歳8ヶ月　ゆうりちゃん
左　2歳11ヶ月　きいちちゃん

ママの会社

今日は日曜日
ママは仕事だったので
ひろくんに　ママの会社を　見せようと
二人で　バスにのって　出かけました
ひろくんは
「ママの会社　ママの会社」と言って
一階と二階を　歩き回っていました
偶然《ぐうぜん》　ママが　エレベーターで
下に降りていて　「ママー」とひろくん
ママはびっくり
ママは仕事が　忙《いそが》しいので
少しだけ　話しをして　帰りました
これで　ママの会社が
分《わ》かったかな？

（二歳九ヶ月）

パパの替《か》え歌

ひろくんは　家で名前をきくと
「ひろくん」と言います
そこで　パパは
「サッちゃんはね　サチコっていうんだ
ほんとはね…」の替え歌を
「ひろくんはね」「パパはね」
「ママはね」と
三番まで作ってうたうと
ママのことを
「アサコ　アサコ」と呼んで
笑っています

（二歳十一ヶ月）

右から
3歳　ゆうちゃん
3歳6ヶ月　たくみちゃん
3歳　りょうせいちゃん

ママのいたずら

ひろくんと　パパが
お風呂に　入っていると
電気が消えました
「暗いよー　恐いよー」と
ひろくんの　泣き出しそうな声
と　パッと電気がつきました
ひろくんは　「今　消したね」と
ママのいたずらに
気づきました
と　また電気が消えました
今度は「まーた　消したね」と
ニコニコ余裕の
ひろくんの表情に
変わっていました

（二歳十一ヶ月）

右　2歳10ヶ月　ゆうちゃん
左　3歳3ヶ月　ことかちゃん

ひろくん三歳

十月七日
ヘリコプターのおもちゃを見せて
「これ、何?」と聞いたら、
ひろくん「ヘリコプター」
と答えたんです。
が、ママが「ひろきブタ?」
と聞きかえしたので
ひろくんは又「ヘリコプター」
と何度もくり返しているうちに、
ひろくん「ひろきブタ」
になっていました。
二人で大笑いしていました。

ひろくん

十月二十七日
保育園でスクリーンに先生が手できつねのかげ絵をしてみせ、「何かな?」の問いにひろくんは、大きな声で「てー!」と言って笑わせてくれました。
(保育士記)

十一月二日
保育園から、ひろくんと歩いて帰っていると、ひろくん「ダッコ」。
ダッコして歩いていて、パパは疲れたので「パパもひろくんになりたいなー」と言ったら「ウン、いいよ。ひろくんがパパになる。自転車にのって、ビデオ屋さんに行って、アンパンマン借りてくるから」と答えました。

3歳前後　コンクリートの床に刷毛で絵を描く

十一月九日

保育園の帰りに、ひろくんは雲を指さして、
「あの黒い雲、大きいよ」と、言ったので、パパが
「お日様も沈んだね」と答えたら、
「黒い雲が隠したとよ。
黒い雲のポケットに入って出てこれんとよ」と、
教えてくれました。

十一月十日

保育園でお昼寝前、お友だちとの会話。
お友だちのパジャマのボタンかけをしながら、
ひろくん「はい、できたよ。あれ?かんたんにはずれるよ、
こわれているから、あたらしいの、かいなさい」

おともだち「うん、おもちゃも買ってくるわね」
ひろくん「おもちゃはいいよ。パジャマだけで」
とても可愛い二人でした。（保育士記）

十一月十九日
朝起きて、ひろくん
「おしっこ」と言ってトイレに行き、
出しているのを見て、
パパは「ひろくん、いっぱい出るね」と言うと、
「全部出すよ。穴から全部出すよ」と、
答えていました。

ひろくん

十一月二十四日

昨日の朝、ひろくんと外に出ていると、

アパートの屋根にカラスが止まっていたので、

「カァー、カァー」

とパパが鳴きまねをしたのですが、ひろくんは

「ムリせんで（しなくて）いいとよ、パパはカラスじゃないとやから」

と、言われてしまいました。

十二月二日

「もういいかい」

「まーだだよ」

の、やりとりをしていた時、

突然ひろくんが大声で

「もーだだよ」
と、「もういいよ」と、「まーだだよ」を、
混ぜて言い、笑ってしまいました。（保育士記）

十二月十九日
日曜日に、ひろくんとアパートの外で遊んでいたら、
近所に住んでいる生命保険会社で働いている友人が
会社の名前の入った景品のような物を
「いりませんか？」
と、きかれたので
「いただきまーす」
と答えて貰うと、それを見ていたひろくんは

じゃんけんぽん
右　3歳1ヶ月　れんちゃん
左　3歳7ヶ月　りこちゃん

「パパ、何をたべると?」
と、言ったので大笑いしてしまいました。

十二月二十日

朝、保育園に向かって歩いていると、
ひろくんは「アッ、道が切れてる!」
と、びっくりした声を上げました
みると、側溝《そっこう》の工事のために道がカッターで、切ってありました。
「道はかたいのに、どうやって切ったんだろう」
と、ひろくんは考えていました。

一月七日

保育園の帰りに歩いていると、パパが

「鳥が鳴いたよ」
と言って立ち止まると、
また鳥が鳴いて、
ひろくん「鳴いたね。ホラ、お月さま聞いているよ」
と、言っていました。

一月十七日
小さいお友だちが
「ちぇんちぇー」
と、私をよんでいるのをきいて、
「ちぇんちぇー、じゃない！せんせい！」
と、ひろくんは何度も教えていました。
お友だちも一生懸命言っていました。

ひろくん

そして「せんせい」と言えたかと思ったら、
今度は「せんせいじゃない！よしこせんせい！」
と、言っていました。

（保育士記）

一月十九日

お風呂上がりに、ひろくんがお菓子が入った袋を
「カサカサ」やっていたので、
「寝る前だから食べちゃダメよ」
と言って、ひろくんをみると
手には何も持ってなくて
「パパ、カン違い」
と言われ、ひろくん、

右から
3歳5ヶ月　りょうせいちゃん
3歳5ヶ月　ゆうりちゃん
3歳4ヶ月　りこちゃん

カン違いなんて言葉をよく知っていたなと、感心しました。

一月二十六日

朝、保育園に向かっていると、下水道工事のおじさんたちは
「おはよう」
と、声をかけてくれます。
ひろくんも「おはよう」と、
答えますが「なんでおはようかなぁ?」と、
歩きながら考えていました。

ひろくん

二月十五日

お友だちが猫《ねこ》の写真をみんなに見せた時、

みんながその写真にスキスキをしたり、
触《さわ》ったりしていると
「きたない手で、したらいかんよ」
と、言っていました。
（保育士記）

二月十六日
お友だちに「大きくなったら、なんになる？」
と、聞かれて
「う〜ん、と、ね〜、おにいちゃん！」
と、「お」に力をいれて答えていました。
（保育士記）

ひろくん

二月十七日

トイレでパンツを少し濡《ぬ》らしてしまい、

それをさわって

「えらい、ぬれたなぁ」

と言っていました。

（保育士記）

園庭の丘で

二月二十八日

ひろくんは、食事の時、お腹いっぱいになって、食べられなくなった時に

「もう、食べないと?」

と聞かれると

「食よくがないとよ」

と、答えて笑わせていました。

どろんこ遊び　2歳8ヶ月　こうすけちゃん

ひろくんは三月三十一日で、当保育園を卒園して他の保育園へ行きました。

保育日誌から①

パパ、お月さまとって！

二歳児クラスの子どもたちには、年間カリキュラムに従って、順次、絵本の読み聞かせを行っています。アメリカのエリック=カール作『パパ、お月さまとって！』という絵本もそのひとつです。十月に担任の先生が、二週間つづけて読み聞かせをしました。

絵本の内容は、作者エリック=カールが娘に、お月さまをとってとせがまれ、どうしたものかと考えた末、高い山の頂から、長いはしごをかけて、そのお月さまを娘にとってあげるというストーリーを絵本にしたものです。

保育士が何回か読み聞かせをしている時、

直美ちゃん（仮名二歳六ヶ月）「直美ちゃんのパパ、お月さまとってくれたよ」。先生はびっくりして、「えー、本当？ どこにあると？」と聞けば、「お家にあるとよ」。
先生「見せて！」と、おねだりをすると、「もうないよ」。先生「どうして？」
直美ちゃん「○○ちゃん（第一歳十ヶ月）が、どっかにやったとよ」。
すると、いっしょにいた別の宏志ちゃん（仮名三歳三ヶ月）が、悲しそうに、
「宏志ちゃんのお父さんは、お月さまとってくれんかった」。先生は「そう、
じゃ、今度とってもらってね」「うん、今度言ってみるわ」と覚悟を新たにし
たようでした。
まぁ、何と夢のある、そして子どもはとんでもない事を空想するものですね。

もう一つ、お母さんの書いたおたより帳から……港祭りに行きました。いい
お天気で、日焼けしてしまいました。帰り、金魚すくいをしました。今日から
家族の仲間入りです。「名前つけようか？」と、娘（三歳三ヶ月）にいうと、「サ
カ・ナ」にすると言った後、「ねー、どこにつけると名前」ですってー。

子どもたちは、大人にとって意外な「ことば」を発します。そのような時には周囲の大人たちが素直に驚いたり共感したりして受けとめることです。表現や、思考の誤りではありません。発達の過程においてとても重要な現象です。いっしょに喜び、悲しんであげることにより、順調な心の発達を見ることができます。そして子育ても楽しくなります。

さぁ、子どもたちは、今日はどんな幸せのタネを周囲の大人たちにまいてくれることでしょう。

（猪俣　記）

保育日誌から②

グライダーポーズ

連日猛暑の続く、七月某日。いつものように子どもたちの様子を見回る。赤ちゃんのクラスを覗いた時、布団の上でうつ伏せになって、両手両足を浮かせ、気持ち良さそうにゆらゆらしている英樹（仮名四ヶ月二十一日）の姿が目にうつった。久しぶりに出会う新鮮な姿に、部屋の中に入ってしばらく見守る。

「いつもこうしているの、どれくらいの時間このようにしているの」と、担任保育士に聞く。

「よくしますよ。かなりの時間」との返事。

お腹で身体を支えて飛行機さながらの格好である。気持ち良さそうにゆらゆら。顔を横にして頬を少しの時間布団につけては、くり返している。少しの時間とはほんの一秒くらい。グライダーポーズである。飽きなく繰り返す英樹を私も飽きなく観察をはじめてから一〇分経っても、彼はにこにこしてご満悦の境地。

「私が来る前、どれくらいしていたの」と聞けば、

「五分くらいはしていましたよ」と担任の言葉。そして「そろそろミルクの時間です。朝、七時四十分に飲んでいるのです」と。

今十二時十分。逆算すればもう四時間越している。

「まだ、大丈夫、このまま見守りましょう」と、保育士たちに言って観察を続ける。

今日は土曜日、子どもの出席が半分の六名で、保育士が三人ついている。後の子どもたちはお昼ごはんを済ませて、就寝前のひとときをそれぞれに楽しんでいる。這う子、ヨチヨチの子。ゆるやかにクーラーも入った静かな環境。同じポーズをなおも繰り返す英樹。執念というか生命力というか四ヶ月と二十一日の赤ちゃんに頭が下がる。

やがて疲れと空腹を感じてきたのか、頬を布団につけて指しゃぶりをしたり、身体をそらして「ギャー」と叫んだりし始めた。そろそろ限界かなぁ、と時計を見ると針は十二時半に近づいていた。

保育士におむつを替えてもらい、抱かれてミルクをのむ彼の姿には晴れがましいものがあった。ちなみにグライダーポーズは三十五分つづいた。

（猪俣　記）

あとがき

　私が現役で園長をしていた時のことです。一人の父親が、わが子を保育園に送ってくるなり、「ここ（保育園）は子どもたちにマリリン・モンローのことを教えているのですか？」と、顔をこわばらせて言ってこられました。私はとっさに、「えっ？」と、答えに困っていると、「昨日、保育園がお休みの日に、うちの子が窓に寄りそい、頬杖をついて、雨の降っている外を眺めながら、マリリンに会いたーぃ、と言うのです。うっとりとした表情で…。もしかしてと思って、聞いたのです」と、そのような内容の質問でした。私はすかさずに、「あー、まり子先生のことですね。子どもたちはまだ小さく、はっきりと発音ができずに、いつの間にか、まりこ先生が　まりこ、ままりん、マリリンとなっているようです」と、説明をしたのです。

「そうだったのですか。まさかとは思ったのですが…」。お父さんの表情はすっかり和らぎ、なるほどまり子先生だったら、子どもが慕う理由がわかりましたと言わんばかりでした。

まり子先生が出勤してくるなり、子どもたちは「マリリン、マリリン来た」と言って、飛び上がって喜び、そのやさしい笑顔が子どもの心をとらえ、まり子先生の行く所、行く所に付いてまわっていました。

給食もよく食べ、何よりも欠席をしない。マリリンの周囲には子どもたちの笑い声が響き合っているのです。

ひろくんのお父さんと、まり子先生に通じるものは、子どもを信頼するやさしい「まなざし」だと思います。

最後になりましたが、ここに銀の鈴社の西野真由美様及び柴崎俊子様に、この稿が出版できましたことを、深く感謝を申し上げます。

平成二十七年五月　こいのぼりの泳ぐ日に　　猪俣美智子

◆猪俣美智子（いのまたみちこ）

佐賀県鹿島市に生まれる
保育士資格取得
1976年10月　曽師保育所創設（2003年3月まで園長）

- 図書『かわいい ごん』出版（銀の鈴社）
- CDアルバム「あなたがいる」作詞
- CDアルバム「しあわせワールド～宝子とともに」作詞
- CDアルバム「しあわせの風　みらいの風」作詞
（曽師保育所創立30周年記念テーマソング）
- 図書『ひろくんは』出版（銀の鈴社）
- 現在　社会福祉法人アイリス康友会　理事長

銀の鈴文庫
ひろくんは　――イクメンパパの応援歌――

NDC599　80頁 148㎜×105㎜

2015年5月28日　初版発行　1200円＋税

著　者　曽師保育所©　代表 猪俣美智子
〒880-0841
宮崎市吉村町中原甲 2703-12
TEL0985-27-2616
発行者　柴崎聡・西野真由美
発　行　銀の鈴社　〒248-0005　神奈川県鎌倉市雪ノ下3-8-33
TEL0467-61-1930　FAX0467-61-1931
http://www.ginsuzu.com　info@ginsuzu.com

©本シリーズの掲載作品について転載する場合は、
著者と銀の鈴社著作権部までお知らせください。
購入者以外の第三者による本書の電子複製は認められておりません。

Printed in Japan ISBN978-4-87786-398-2 C0137